सरे-वादिए-सीना

फ़ैज़ अहमद 'फ़ैज़'

लिप्यंतरण

अब्दुल बिस्मिल्लाह

सम्पादन

अब्दुल बिस्मिल्लाह

धर्मेन्द्र सुशांत

राजकमल पेपरबैक्स

राजकमल पेपरबैक्स में
पहला संस्करण : 2024

राजकमल पेपरबैक्स : उत्कृष्ट साहित्य के जनसुलभ संस्करण

राजकमल प्रकाशन प्रा. लि.
1-बी, नेताजी सुभाष मार्ग, दरियागंज
नई दिल्ली-110 002
द्वारा प्रकाशित

शाखाएँ : अशोक राजपथ, साइंस कॉलेज के सामने, पटना-800 006
पहली मंजिल, दरबारी बिल्डिंग, महात्मा गांधी मार्ग, इलाहाबाद-211 001
1, अनमोल सोराबजी सन्तुक लेन, धोबी तलाव, मरीन लाइंस, मुम्बई-400 002
वेबसाइट : www.rajkamalprakashan.com
ई-मेल : info@rajkamalprakashan.com

विकास कम्प्यूटर एंड प्रिंटर्स
ट्रॉनिका सिटी-201 102
द्वारा मुद्रित

मूल्य : ₹199

SARE-WADIYE-SEENA
Poems by Faiz Ahmad 'Faiz'
Transliteration by Abdul Bismillah

ISBN : 978-93-6086-857-4

फ़ैज़ अहमद 'फ़ैज़'

जन्म : 13 फ़रवरी, 1911; गाँव–काला कादर, सियालकोट (पाकिस्तान)।

शिक्षा : आरम्भिक धार्मिक शिक्षा मौलवी मुहम्मद इब्राहिम मीर सियालकोटी से प्राप्त की। मैट्रिक स्कॉच मिशन स्कूल और स्नातकोत्तर मुरे कॉलेज, सियालकोट से। वामपंथी विचारधारा के जुझारू पैरोकार फ़ैज़ ने 1936 में *प्रगतिशील लेखक संघ* की एक शाखा पंजाब में आरम्भ की। 1935 में एम.ए.ओ. कॉलेज, अमृतसर और बाद में हेली कॉलेज ऑफ़ कॉमर्स, लाहौर में अध्यापन। 1938-1942 के दौरान उर्दू मासिक *अदबे-लतीफ़* का सम्पादन। कुछ समय तक फ़ैज़ ब्रिटिश इंडियन आर्मी में भी रहे, जहाँ 1944 में उन्हें लेफ़्टिनेंट कर्नल के पद पर पदोन्नत किया गया था। 1947 में सेना से इस्तीफ़ा देने के बाद *पाकिस्तान टाइम्स* के पहले प्रधान सम्पादक बने। 1959 से 1962 तक *पाकिस्तान आर्ट्स काउंसिल* के सचिव रहे।

1964 में लंदन से वापस आने के बाद फ़ैज़ कराची में अब्दुल्लाह हारून कॉलेज के प्रिंसिपल नियुक्त हुए।

1951 में फ़ैज़ को रावलपिंडी षड्यंत्र केस में चार साल की जेल की सज़ा भी हुई, जहाँ उन्होंने जीवन की कड़वी सच्चाइयों से सीधा साक्षात्कार किया।

प्रमुख रचनाएँ : *नक़्श-ए-फ़रियादी* (1941), *दस्ते-सबा* (1953), *ज़िन्दाँनामा* (1956), *मीज़ान* (1956), *दस्ते-तहे-संग* (1965), *सरे-वादिए-सीना* (1971), *शामे-शह्रे-याराँ* (1979), *मिरे दिल मिरे मुसाफ़िर* (1981), *ग़ुबारे-अय्यम, सारे सुख़न हमारे* (फ़ैज़ समग्र) लंदन से और *नुस्ख़हा-ए-वफ़ा* (फ़ैज़ समग्र) पाकिस्तान से, *पाकिस्तानी कल्चर* (उर्दू और अंग्रेज़ी में) (1984)। राजकमल से *प्रतिनिधि कविताएँ* प्रकाशित।

फ़ैज़ की रचनाओं का अंग्रेज़ी, रूसी, बलोची, हिन्दी सहित दुनिया की अनेक भाषाओं में अनुवाद हो चुका है।

पुरस्कार : *लेनिन पीस प्राइज़, द पीस प्राइज़* (पाकिस्तानी मानवाधिकार सोसायटी), *निगार अवार्ड, द एविसेना अवार्ड, निशाने-इम्तियाज़* (मरणोपरान्त)। 1984 में मृत्यु से पहले *नोबेल प्राइज़* के लिए नामांकन हुआ था।

निधन : 20 नवम्बर, 1984, लाहौर।

मरियम (सल्गानिक) के नाम

मौसम आया तो नख़्ल-ए-दार[1] पे मीर
सर-ए-मंसूर[2] ही का बार[3] आया

1. फाँसी का तख़्त रूपी वृक्ष, 2. मंसूर का सर, (मंसूर एक सूफ़ी थे जिन्हें सच बोलने पर फाँसी की सजा दी गई थी), 3. फल।

क्रम

1967

1968

1969

1970

1971

दागिस्तान के मलका शाइर
रसूल हम्ज़ातोव के अफ़कार

फ़ैज़

वी.जी. ग्रेनिन
तर्जुमा : सहर अंसारी

मैं फ़ैज़ से कोई बीस साल क़ब्ल[1] उस वक़्त मोतआरुफ़[2] हुआ था जब वो एम.ए.ओ. कॉलेज, अमृतसर में लेक्चरार थे। एक और पुराने दोस्त जो उस वक़्त फ़ैज़ के रफ़ीक़े-कार[3] थे, कल अचानक एडिनबरा में दिखाई दिए और उनसे मिल कर मुझे बीते हुए दिन याद आ गए। मालूम यह हुआ कि फ़ैज़ को यह ज़िम्मेदारी सौंपी गई है कि वो इस क़दीम[4] दोस्त की एडिनबरा में आमद[5] से मुझे मुतलाह[6] करेंगे, लेकिन वो भूल गए। उस ज़माने में भी वो अपनी भूल जाने की आदत और ग़ायब-दिमाग़ी की वजह से ख़ासे मशहूर थे। लेकिन उनके तालिब-इल्म[7] उनकी इस आदत को आसानी से दरगुज़र कर देते थे। क्योंकि अगर कोई प्रोफ़ेसर यह भूल जाए कि उसे तुल्बा[8] को लेक्चर देना था तो उन्हें कभी इसका अफ़सोस नहीं होता। इसी तरह ताँगा चलाने वालों का भी उनके साथ यही रवैया था। क्योंकि वो किसी के घर जाकर बातों में मसरूफ़ हो जाते और भूल जाते कि बाहर ताँगा खड़ा हुआ है। और इस तरह ताँगे वालों का किराया बढ़ता रहता था। और अदबी[9] लोग उन्हें यूँ माफ़ कर देते थे कि वो उस वक़्त भी एक अहम शाइर थे।

---

1. पहले, 2. परिचित, 3. साथी, दोस्त, 4. पुराने, 5. आगमन, 6. सूचित, 7. विद्यार्थी, 8. विद्यार्थियों, 9. साहित्यिक।

मुझे यह मालूम करके बड़ी मसर्रत[1] हुई कि इस हफ़्ते लन्दन में एक अदबी तक़रीब[2] उनके एजाज़[3] में मुनअक़्क़द[4] की जा रही है और मुझे इसका अफ़सोस है कि मैं खुद वहाँ हाज़िर होने से क़ासिर[5] हूँ। गुज़श्ता[6] बार कोई पाँच साल क़ब्ल जब वो इंग्लिस्तान आए थे तो एक ऐसी ही तक़रीब में शरीक होने का मुझे शरफ़[7] हासिल हुआ था। उस तक़रीब के फ़ौरन बाद फ़ैज़ यूरोप रवाना हो रहे थे, ताकि वतन वापस जा सकें जहाँ उन्हें जेल में डालकर उनका पुरजोश ख़ैर-मक़दम किया गया। कई अदबी शख़्सियतों की ज़िन्दगी में इस क़िस्म की ख़फ़ीफ़[8] ग़लतफ़हमियाँ पैदा होती रही हैं। इस बार वो निस्बतन[9] तवील[10] मुद्दत के लिए इंग्लिस्तान में क़याम कर रहे हैं, ताकि ख़ुशकिस्मती से उनके दोस्तों को मुस्तक़बिल-क़रीब[11] में इसी क़िस्म की किसी और ग़लतफ़हमी का ख़ौफ़ बाक़ी न रहे और किसी मुहब्बे-वतन[12] शाइर को अपने वतन से ख़्वाह कितना ही लगाव क्यों न हो यह अम्र[13] ख़ासा-दिल-ख़ुशकुन[14] होता है कि बाज़-अवक़ात[15] वो (किसी दोस्त की तरह) बहुत क़रीब से जायज़ा लेने के बजाय चार या पाँच हज़ार मील के फ़ासले से अपने वतन के बारे में ग़ौरो-ख़ोज़[16] करे।

यह अम्र बिला शुब्ह अफ़सोसनाक है कि मय-अहलो-अयाल[17] हमारे यहाँ के मोतअद्दद[18] पुरसुकून और रोमान-अंगेज़[19] मुक़ामात मसलन मेरे आबाई[20] शहर मानचेस्टर या लेक डिस्ट्रिक्ट जहाँ एक ज़माने में इतने सारे शाइरों ने उरूज[21] पाया, या सबसे बढ़कर एडिनबरा में रहने के बजाय लन्दन में सुकूनत[22] अख़्तियार कर रहे हैं। इसी शहर में जो ईंटों, कुहर[23], शोरो-गुल और अहालियान[24] लन्दन का एक देव-हैकल[25] मजमूआ[26] है। डॉक्टर जॉनसन कहा करते थे कि

1. ख़ुशी, 2. समारोह, 3. सम्मान, 4. आयोजन, 5. असमर्थ, 6. पिछली, 7. सौभाग्य, 8. हलकी, 9. अपेक्षाकृत, 10. लम्बी, 11. निकट भविष्य, 12. देशप्रेमी, 13. विषय, 14. दिल को ख़ुश कर देनेवाला, 15. किन्हीं समयों में, 16. सोच-विचार, 16. बीवी-बच्चों के साथ, 17. असंख्य, 18. रोमांस से पूर्ण, 19. पैतृक, 20. उत्कर्ष, 21. निवास, 22. कुहरा, 23. बड़े लोग, 24. राक्षसों जैसी बड़ी-बड़ी इमारतें, 25. समागम।

जब आदमी लन्दन से उकता जाए तो वह ज़िन्दगी से उकता जाता है। लेकिन यह अठारहवीं सदी में होता था। आज तो यह कहना ज़्यादा सही होगा कि जब आदमी ज़िन्दगी से उकता जाए तो वह लन्दन का रुख़ करता है।

फ़ैज़ बला के सिगरेटनोश वाक़े[1] हुए हैं। यह बुरी आदत लन्दन के कुहर और धुँध के साथ मिल कर कहीं उनकी इन्तिहाई ताबनाक[2] सलाहियतों को माँद न कर दे! ताहम मुझे कामिल[3] यक़ीन है कि अपनी बीवी और बच्चियों की मदद से वो इस मसले पर क़ाबू पा लेंगे। नीज़[4] यह कि एक अदबी शख़्सियत की हैसियत से इस मुल्क में उनका क़याम हक़ीक़ी मा'नों[5] में तख़लीक़ी[6] साबित होगा। वो अब बहुत कुछ कर चुके हैं, लेकिन उन्हें अभी और बहुत कुछ करना है। और अब जबकि वो दूसरे हंगामों से आज़ाद हैं, उन्हें यक़ीनन ख़याल आएगा कि उनसे किस क़दर ज़्यादा तवक़्क़ो की जाती है। इन बीस बरसों में मुझे यक़ीन है कि मैंने उन्हें इस क़िस्म के मौज़ूआत[7] पर कम-अज़-कम बीस किताबें लिखने का मशवरा दिया है। जदीद[8] मआशरे[9] में फ़नकार का मर्तबा तारीख़े-अदबे-उर्दू[10] या मग़रिबी तहज़ीब के मुक़ाबले में इस्लामी तहज़ीब की नवैयत[11] वग़ैरह-वग़ैरह...

हर शख़्स को जो उनसे वाक़िफ़ है फ़ितरी[12] तौर पर यह तवक़्क़ो भी होगी कि वो अपने फ़ुर्सत के अवक़ात में मज़ीद[13] नज़्में लिखेंगे। मेरी हमेशा से यह ख़्वाहिश भी रही है कि वो दूसरे मुमालिक[14] की बाज़ नज़्में, ख़ुसूसन हमारे अहेद[15] की तरक़्क़ी-पसन्द शाइरी का तर्जुमा उर्दू में करें जो इस रवायत या आलमी तहरीक[16] से तअल्लुक़ रखती हों जिससे ख़ुद उनकी शाइरी वाबस्ता है। जार्ज बार्ड जिन्होंने आइरिस्तान, डेनमार्क और दूसरे इलाक़ों की शाइरी को अंग्रेजी में मुन्तक़िल[17] करने

---

1. घटित, 2. ज्योतिर्मय, 3. पूरा, 4. अथवा, 5. सही अर्थों में, 6. रचनात्मक, 7. विषयों, 8. आधुनिक, 9. समाज, 10. उर्दू साहित्य का इतिहास, 11. स्थित, 12. स्वाभाविक, 13. ज़्यादा से ज़्यादा, 14. देशों, 15. युग, 16. वैश्विक आन्दोलन, 17. रूपान्तरित।

की कोशिश की है अपनी एक किताब 'लेवनग्रो' (Lavengro) में लिखते हैं कि "तर्जुमा ज़्यादा से ज़्यादा एक बाज़गश्त[1] ही होता है।" तमाम तर्जुमा करने वाले यक़ीनन यही महसूस करते होंगे, लेकिन कुछ न होने से बाज़गश्त भी बहरहाल बेहतर है और फ़ैज़ की पैदाकरदः[2] बाजगश्त कम-अज़-कम मुतरन्नुम[3] ज़रूर होगी। गुज़श्ता दिनों उनसे यह सुनकर मैं बेहद मुतास्सिर हुआ कि ख़ुद उनकी बाज़ नज़्में स्वाहिली ज़बान में तर्जुमा होने के बाद मश्रिकी[4] अफ़रीका में पढ़ी जा रही हैं जहाँ एक मुल्के-ग़ैर[5] ज़बान की हैसियत से स्वाहिली का मुस्तक़बिल बहुत ताबनाक नज़र आता है। मुझे उम्मीद है कि जल्द ही दूसरी ज़बानों में भी उनके कलाम का तर्जुमा हो जाएगा।

एक इस्काट ख़ातून[6] ने जो कई साल तक अफ़ग़ानिस्तान में रही हैं, फ़ैज़ के वालिद के बारे में एक किताब लिखी है जो उस ज़माने में वहाँ वज़ीरे-आला* थे। मुसन्निफ़ा[7] के बयान के मुताबिक़ वो बड़े पुख़्ता अज़्म[8] व इरादा के मालिक थे और इन्तिहाई इन्तिशार[9] के माहौल में नज़्मो-नसक़[10] क़ायम करने की कोशिश कर रहे थे। अमृतसर की आज़ादाना ज़िन्दगी के ज़माने से फ़ैज़ भी दूसरे मोतअद्दद[11] बहौसला इनसानों के दोश-ब-दोश[12] उस जद्दोजहद में मसरूफ़ हैं, कि हमारे जदीद अहेद के इन्तिशार में ज़ब्त-ओ-तवाज़ुन[13] क़ायम किया जाए जो कभी भी अफ़ग़ानिस्तान के दौरे-क़दीम[14] से ज़्यादा मायूसकुन[15] नज़र आता है। मैं एक और पुश्त[16] को सरगर्मे-अमल[17] देखने का ख़्वाहाँ[18] हूँ और

---

* फ़ैज़ के वालिद सुल्तान मोहम्मद ख़ान अमीर अब्दुर्रहमान ख़ाँ वाली (शासक) अफ़ग़ानिस्तान के दरबार में चीफ़ सेक्रेटरी के ओहदे पर मामूर (तैनात) थे।

1. मूल की ओर लौटना, 2. पैदा किया हुआ, 3. तरन्नुम के साथ, लयात्मक, 4. पूर्वी, 5. दूसरे देश, 6. स्कॉटलैंड की स्त्री, 7. लेखिका, 8. दृढ़ संकल्प, 9. अस्त-व्यस्त, 10. प्रबन्धन, 11. असंख्य, 12. कन्धे से कन्धा मिलाकर, 13. सहनशीलता और सन्तुलन, 14. पुराने जमाने, 15. निराश करनेवाला, 16. वंश, नस्ल, पीढ़ी, 17. व्यावहारिकता की तीव्रता, 18. इच्छुक।

चश्मे-तसव्वुर से[1] फ़ैज़ की बेटियों को अपनी-अपनी रग़बत[2] के अज़ीम कारनामों की तकमील[3] में मुनहमिक[4] देख भी रहा हूँ। उनमें एक को ग़ालिबन पाकिस्तान की पहली अज़ीम मुसव्विरा[5] की हैसियत से और दूसरी को शायद पहली ख़ातून सद्र[6] की हैसियत से।

दरीं-असना[7] फ़ैज़ के दोस्तों को हर हफ़्ते के ख़ातमे पर उनसे दरयाफ़्त करते रहना चाहिए कि उन्होंने कितने सफ़हात लिख लिए हैं और हर रोज़ शाम को मालूम करते रहना चाहिए कि उन्होंने कितने सिगरेट कम पिए हैं!

प्लेस स्ट्रीट, एडिनबरा
15 दिसम्बर, 1962

---

1. कल्पनाओं की आँख से, 2. लगाव, 3. पूर्णता, 4. तल्लीन, 5. स्त्री चित्रकार, 6. स्त्री अध्यक्ष, 7. इसी बीच।

एक हौसलामन्द दिल की आवाज़

एलेक्जेंडर सरकोफ़
तर्जुमा : सहर अंसारी

मता-ए-लौह-ओ-क़लम छिन गई तो क्या ग़म है
कि ख़ूने-दिल में डुबो ली हैं उँगलियाँ मैंने
लबों पे मुह्र लगी है तो क्या के: रख दी है
हर एक हल्क़ा-ए-ज़ंजीर में ज़बाँ मैंने

मॉस्को में दिसम्बर की एक सरमाजद:[1] शाम को ज़िन्दगी में पहली बार फ़ैज़ के उन वलवलाख़ेज़[2] अशआ'र[3] ने मेरे दिल में इज़्तिराब[3] पैदा किया था। 1954 ई. का साल रुख़्सत हो रहा था और बर्फ़ का एक तूफ़ान पुश्किन के सुर्मई मुजस्समे[4] के गिर्द नग़मारेज़[5] था। पहरेदार सिपाही चौराहों पर खड़े सर्दी से काँप रहे थे। मॉस्को के एक गर्म और आरामदेह फ़्लैट में मश्रिकी[6] सोवियत की दोस्त जम्हूरी रियासतों के शोअरा और बैरूनी[7] मश्रिकी मुमालिक से आए हुए मेहमानों की महफ़िल में हिन्दोस्तान के शाइर अली सरदार जाफ़री एक नाआश्ना[8] ज़बान के अशआ'र तक़रीबन गुनगुनाने के अन्दाज़ में पढ़ रहे थे। अशआ'र सबके दिलों को मसहूर[9] करते जा रहे थे। उन अशआ'र में मुहब्बत के नाज़ुक जज़्बों की कसक थी, ज़िन्दान[10] तक तन्हा कोठरी में मुक़य्यद[11] इनसान का ग़मे-तमन्ना था

---

1. सर्द, 2. उत्साहवर्धक, 3. दुख, 4. मूर्ति, 5. गीतों-भरा, 6. पूर्वी, 7. विदेशी, 8. अपरिचित, 9. जादुई, 10. जेल, 11. बन्दी।

और एक इन्क़लाबी का शोलाख़ेज़[1] ग़ैज़ो-ग़ज़ब[2] भी था। ये अशआ'र फ़ैज़ अहमद फ़ैज़ के थे जो हमारी सोहबत में शामिल न हो सके थे और मास्को से बहुत दूर मंटगुमरी जेल में तनहाई के शबो-रोज़ बसर कर रहे थे। इसी लम्हा शायद वो सलाख़ों से बाहर का मंज़र देख रहे होंगे, जो रख़्शन्दा[3] सितारों से मा'मूर[4] आसमान को तक रहे होंगे, या फिर शायद अपने हौसलामन्द दिल पर सोज़[5] की गहराई में जनम लेनेवाले मिसरे सरगोशी[6] के अन्दाज़ में दुहरा रहे होंगे।

तीन माह बाद...वक़्त वही था जो मॉस्को में गुज़श्ता मौसमे-सरमा[7] की हवाओं की मौजूदगी में था। मैंने एक बार फिर ऐसे अशआ'र सुने जो दिल को अपनी तरफ़ खींच लेते हैं और उनके तास्सुर[8] की तवानाई[9] ही से मफ़हूम[10] और मंज़िलें तय होने लगती हैं।

उस वक़्त मैं देहली में था। मार्च का आगाज़ था। स्याह जुनूबी[11] आसमान पर बेशुमार सितारे झिलमिला रहे थे और उस पसमंज़र में सदाबहार दरख़्त रात की धुन्ध में इस्तादा[12] नज़र आ रहे थे। लालक़िला की दूर उफ़तादा[13] और संगीन दीवारों के साये में गाड़ियाँ ख़ामोशी से गुज़र रही थीं और रिक्शा छलावों की तरह भाग रहे थे। वह सब इस मुक़ाम की सिम्त[14] रवाँ-दवाँ थे जहाँ क़ुमक़ुमों से रौशन वसीअ[15] व अरीज़[16], रंगारंग पंडाल सब्ज़े[17] के क़तआत[18] और बेशुमार रंगीन फूलों से लदे हुए नामानूस[19] दरख़्त अपनी बहार दिखा रहे थे।

पंडाल में एक मुशायरा हो रहा था। इके-बाद-दीगरे शाइर माइक्रोफ़ोन पर आते रहे और मुशायरे में जान पड़ती रही। और फिर ज़ाफरी ने चन्द ऐसी नई नज़्मों का आग़ाज़ किया जो मंटगुमरी जेल के तन्हा कमरे की उदास और संगीन दीवारों में मुक़य्यद रहकर लिखी गई थीं।

अब फ़ैज़ वहाँ अपनी असीरी[20] का पाँचवाँ साल गुज़ार रहे थे।

---

1. अंगारों से भरा हुआ, 2. अत्यन्त क्रोध, 3. चमकदार, 4. तैनात, 5. जलन, 6. कानाफूसी, 7. ग्रीष्म ऋतु, 8. प्रभाव, 9. चिन्तन, 10. भाव, 11. दक्षिणी, 12. सीधा खड़े हुए, 13. दुखी, उदास, 14. ओर, 15. विस्तृत, 16. चौड़ा, 17. हरियाली, 18. टुकड़े, 19 अपरिचित, 20. कारावास।

रंग-बिरंगे पंडाल में अचानक सन्नाटा और इर्तिआशपज़ीर[1] सकूत[2] छा गया। हर लफ़्ज़ साफ़ सुनाई दे रहा था। एक-एक लफ़्ज़ दिलों में उतरता चला जा रहा था और ऐसे मुक़ामात पर जहाँ शाइर के अश'आर एहसास की गहराइयों में डूब जाते और फिर ग़ैज़ो-ग़ज़ब की बाज़गश्त बनकर उभरते तो जैसे सारा पंडाल एकदम बेदार हो जाता और नग़मागरी की आवाज़ के साथ-साथ बड़े जोश-ख़रोश से दाद देने लगता।

उस वक़्त मैं फ़ैज़ अहमद फ़ैज़ के बारे में क्या जानता था!

यही कि अपने अवाम को नौआबादियाती[3] निज़ाम की ग़ुलामी से आज़ाद कराने की जद्दोजहद में वो जवानी के ज़माने से ही तनदिही[4] के साथ शामिल हैं। मुझे मालूम था कि दूसरी जंगे-अज़ीम[5] के ज़माने में फ़ाशिज़्म (फ़ासिज़्म) से अपनी नफ़रत के इज़हार के लिए वो बिदेसी एंग्लो-इंडियन फ़ौज में एक अफ़सर बन गए थे और जंग के बाद कर्नल की हैसियत से सुबुकदोश[6] हुए। वो एक पुरजोश सहाफ़ी[7] थे जो नौआबादियाती शिकंजे और मुक़ामी आक़ाओं की ग़ुलामी से अपने अवाम को आज़ाद कराने के तसव्वुरात[8] को फ़रोग़[9] देने के लिए जानो-दिल से सरगर्मे-अमल[10] हैं।

फ़ैज़ अपनी सियासी तहरीरों और एक पुरख़ुलूस इन्क़लाबी की हैसियत से अपनी सरगर्मियों के ज़रिए पाकिस्तान के बेहतरीन फ़रज़न्दाने-वतन[11] के दोश-ब-दोश[12] बेग़रज़ी[13] और जोशो-ख़रोश के साथ जद्दोजहद में मसरूफ़ हैं। रज्अतपसन्द[14] इस बाकमाल शाइर की क़ूवत, सदाक़त[15] और तवानाई-ए-अल्फ़ाज़[16] से ख़ौफ़ज़दा थे। चुनांचे अज़ाबे-तनहाई[17] और जबरी बेकारी का शिकार बनाने के लिए उन्होंने मंटगुमरी और हैदराबाद की जेलों में फ़ैज़ पर पाँच साल की तवील असीरी मुसल्लत[18] कर दी। लेकिन शाइरी के ज़िन्दा और हयातपर्वर[19]

---

1. थरथराता हुआ, 2. सन्नाटा, 3. उपनिवेश, 4. तन्मयता, 5. विश्वयुद्ध, 6. निवृत्त, 7. पत्रकार, 8. परिकल्पनाएँ, 9, उन्नति, 10. कार्य में कटिबद्ध, 11. देश का बेटा, 12. कन्धे से कन्धा मिला कर, 13. निःस्वार्थ, 14. प्रतिक्रियावादी, 15. सच्चाई, 16. शब्दों की दृढ़ता, 17. एकाकीपन की यातना, 18. निश्चित, 19. जीवन-युक्त।

दिल की धड़कनों पर संगलाख़[1] ज़िन्दाँ[2] की तारीक[3] रात ग़ालिब[4] न आ सकी और न अय्यामे-असीरी[5] की बेहिस[6] और जामिद[7] ख़ामोशी उनके नग़मों पर कोई मुहर-ए-सुकूत[8] सब्त[9] कर सकी।

ज़िन्दाँ की संगीन दीवारों में से भी उनके हौसलामन्द दिल से वो नग़मे बेताब होकर निकलते रहे जो अवाम ज़िन्दगी और मादरे-वतन की मुहब्बत से लबरेज़[10] थे। उनके नग़मात के पैरों की सरसराहट पाकिस्तान और मोतअद्दद[11] दूसरे मुमालिक की सरज़मीन पर सुनाई देती रही और लाखों इनसानों के दिलों को गरमाती रही।

आख़िरे-कार रज्अतपसन्दी की तीरगी[12] और इन्क़लाबी शाइरी की रोशनी की जंग में शाइरी ही कामरान व फ़तेहमन्द रही। ख़तरे और वह भी मौत के मुसलसल ख़तरे से इबारत[13] पाँच साल की क़ैद व बन्द की सअवबतें[14] ख़त्म हुईं और मुहब्बे-वतन[15] शाइर आज़ाद हो गया। एक बार फिर माज़ी[16] की तरह बल्कि उससे भी ज़्यादा पुरजोश और वल्वला[17] के साथ उस जद्दोजहद को जारी रखने के लिए जिसकी ख़ातिर उसने अपनी ज़िन्दगी वक़्फ़ कर दी थी। अपने हमवतनों के लिए तमाम अक़वाम[18] के माबैन[19] दोस्ती को फ़रोग़ देने के लिए और तमाम इनसानों के लिए अमन की फ़िज़ा पैदा करने के लिए। और अब ज़ंगख़ोरदा[20] ज़ंजीरों और हथकड़ियों की गिरफ़्त से आज़ाद होकर वह ज़्यादा तवानाई और जज़्बे की सच्चाई के साथ अपने शोलासिफ़त[21] नग़मात फ़िज़ा में बिखेर रहा है।

1958 के मौसमे-ख़िज़ाँ के बाद ताशकन्द में अफ्रो-एशियाई अदीबों का इजलास[22] हुआ जिसमें फ़ैज़ ने एक मुक़्तदर[23] क़ाइद[24] की हैसियत से शिरकत की। वहाँ उनसे पहली बार मेरी मुलाक़ात हुई। उस शाइर से मुलाक़ात हुई जिसका तसव्वुर मैं अपने दिल में बसाये हुए था।

---

1. पथरीला, 2. जेल, 3. अँधेरी, 4. विजयी, 5. कारावास के दिनों में, 6. अनुभूतिविहीन, 7. जड़, चेतनारहित, 8. मौन की सील, 9. अंकित, 10. भरा हुआ, 11. असंख्य, 12. अँधेरा, 13. लिखी हुई, 14. मुश्किलें, 15. देशप्रेमी, 16. अतीत, 17. उमंग, 18. क़ौमों, 19. बीच में, 20. ज़ंग खाया हुआ, 21. अंगारों से युक्त, 22. सम्मेलन, 23. शक्तिशाली, 24. नेतृत्व करने वाला।

फ़ैज़ के लिए वह निस्बतन[1] उदासी का ज़माना था। पाकिस्तान में हुकूमत का तख़्ता उलट कर ग़ैरजम्हूरी ताक़तों ने इक़्तिदार[2] सँभाल लिया था।

मॉस्को में अदीबों की अंजुमन के एक कमरे में हम बैठे हुए थे। हम दोनों नज़्में पढ़ रहे थे और रूसी ज़बान में फ़ैज़ की नज़्मों का एक मजमूआ[3] शाया[4] करने की बाबत बातचीत कर रहे थे। फिर इत्तेफ़ाक से हमारी गुफ़्तगू का रुख़ नज़्मों से हट कर उस वक़्त की सियासत की तरफ़ हो गया।

"तो फिर मुस्तक़बिल-क़रीब[5] में आपका क्या इरादा है?"

फ़ैज़ ने अपनी स्याह आँखों से जिनकी गहराई में क़दरे[6]-उदासी थी, मेरी तरफ़ देखा, लेकिन उनके होंठों पर हल्की-सी मुस्कराहट मौजूद थी।

"बस, पहले तो मैं लन्दन जाऊँगा। वहाँ बाज़ दोस्तों से मिलूँगा, जो अभी-अभी पाकिस्तान से आए हैं। उसके बाद ज़ाहिर है कि मैं कराची, लाहौर अपने वतन वापस चला जाऊँगा..."

"लेकिन आप जानते हैं कि अब वहाँ..."

उनके होंठों के किनारों पर वही हल्की-सी मुस्कराहट थी।

"ज़ाहिर है कि इस सूरत में तो मुझे वतन ही वापस जाना चाहिए।"

"तो फिर जेल यक़ीनी है..."

"शायद...और अगर किसी बड़े मक़सद की ख़ातिर इनसान को जेल भी जाना पड़े तो ज़रूर जाना चाहिए।"

"लेकिन अगर...जेल से भी बदतर कुछ हो तो...?"

शाइर ने खिड़की से बाहर की तरफ़ देखा जहाँ बाग़ के वस्त[7] में टाल्स्टाय का मुजस्समा[8] नसब[9] था। सर्द और ख़िज़ाँज़दा[10] आसमान पर नज़र डाली। मुस्कराहट बदस्तूर मौजूद थी। चन्द लम्हे के तवक़्क़ुफ़[11] के बाद उन्होंने अपने मख़सूस अन्दाज़ में आहिस्ता से कहा—

---

1. अपेक्षाकृत, 2. प्रभुत्व, शासन, 3. संकलन, 4. प्रकाशित, 5. निकट भविष्य, 6. थोड़ी-सी, 7. मध्य, 8. प्रतिमा, 9. स्थित, 10. पतझड़ से भरा, 11. अन्तराल।

"अगर जेल से भी बदतर कोई चीज़ हुई तो फिर यक़ीनन बुरा होगा। लेकिन तुम जानते हो, जद्दोजहद बहरहाल जद्दोजहद है..."

यह था उनका पुरसुकून लेकिन पुरएतमाद[1] जवाब।

मैं अपनी ज़िन्दगी में ऐसे मोतअद्द[2] अफ़राद[3] से मिल चुका हूँ। उनमें से बहुत से निडर, बेबाक और जरअतमन्द[4] भी थे और अपनी ज़िन्दगी के नस्बुलऐन[5] की तकमील[6] में जानो-दिल से मुन्हिमिक[7] भी। वो हर क़िस्म की अज़ीयत[8] यहाँ तक कि नागुज़ीर[9] मौत बरदाश्त करने का भी हौसला रखते थे।

फ़ैज़ में यह ज़ब्त व तहम्मुल[10] और यह एतमाद, अज़ीयतकोशी[11] और मौत से नबर्दआज़माई[12] की बदौलत पैदा हुआ है। एक ऐसी मौत जो जद्दोजहद के लिए ख़ुद को वक़्फ़ कर देने वालों के लिए नागुज़ीर हुई है।

ताहम[13] मसाइब[14] व इब्तिला[15] की आँखों में आँखें डाल कर देखने की जो जुरअत फ़ैज़ में थी, उसने मेरे सारे वजूद को डगमगा दिया।

फ़ैज़ की शाइरी का तर्जुमा करने की ग़रज़ से मैंने उनका एक-एक मिसरा बड़े ग़ौर से पढ़ा। मेरी कोशिश यह थी कि जहाँ तक मुमकिन हो (तर्जुमाशुदा[16]) मिसरों में तरन्नुम और उनके हस्सास[17] और हौसलामन्द दिल का जज़्बा बरक़रार रहे। इस कोशिश में न सिर्फ़ उनके अशआ'र का जज़्बाती ज़ेरो-बम[18], जिसे दूसरी ज़बान में मुन्तक़िल करना तक़रीबन नामुमकिन है, बल्कि एक जाँबाज़ और शाइर इनसान का पुरसुकून और वाज़ह[19] ज़ब्त व तहम्मुल मेरी रूह में गूँजने लगा।

शाइर जिसने एक इन्क़लाबी की हैसियत से ख़ुद अपनी ज़िन्दगी को एक नग़मे में ढाल लिया और अपने नग़मे को जद्दोजहद का एक मोवस्सिर[20] हथियार बना लिया है। जद्दोजहद के मराहिल से गुज़रते हुए

---

1. विश्वास से पूर्ण, 2. असंख्य, 3. व्यक्तियों, 4. प्रतिक्रियावादी, 5 आशय, 6. पूर्णता, 7. प्रयासरत, 8. यातना, 9. अपरिहार्य, 10. धैर्य, सहिष्णुता, 11. यातना सहने की कोशिश, 12. युद्ध की आज़माइश, 13. तथापि, 14. मुसीबतें, 15. आज़माइश, कष्ट, 16. अनूदित, 17. अनुभूति से पूर्ण, 18. नीचा-ऊँचा, 19. स्पष्ट, 20. प्रभावशाली।

मश्रिक के एक मुमताज़तरीन[1] तरक़्क़ीपसन्द[2] शाइर फ़ैज़ अहमद फ़ैज़ के इन नग़मात को सोवियट (सोवियत) क़ारईन[3] से रुशनास[4] कराते हुए मुझे बेपायाँ[5] मसर्रत हो रही है।

मुताला[6] के दौरान फ़ैज़ की शाइरी में इब्तिला-ए-असीरी[7] का तास्सुर भी महसूस होता है, जिससे दिल उदास हो जाता है। लेकिन फिर शोलाख़ेज़ जोश व जज़्बा उस तास्सुर पर ग़ालिब[8] आ जाता है।

तीरगी[9] का इस्तिआरा[10] उनकी शाइरी में बार-बार आता है। लेकिन वे अशआ'र ज़्यादा ताबनाक हैं जिनमें शाइर के वतन पर तुलूअ[11] होने वाली सहर के नूरे-अव्वलीन[12] का ख़ैरमक़दम किया गया है और मुताला करने वाला यक़ीनन महसूस करेगा कि आज़ादी की मुहब्बत और शाइर के मसाइबज़दा[13] वतन को हक़ीक़ी[14] शाइरी किस तरह हमआहंग[15] व हमरंग[16] कर देती है।

(रूसी ज़बान में मजमूआ-ए-कलाम[17] का दीबाच:[18], 1962)

---

1. श्रेष्ठतर, 2. प्रगतिशील, 3. पाठकों, 4. परिचित, 5. असीम, 6. अध्ययन, 7. बन्दी जीवन के कष्ट, 8. विजयी, 9. अँधेरा, 10. मानवीकरण, 11. उदय, 12. प्रथम प्रकाश, 13. मुसीबतों से भरा, 14. सच्ची (सूफ़ी कवियों के अनुसार आध्यात्मिक), 15. एक-सी आवाज़ वाले, 16. एक-से रंग, 17. कविता-संग्रह, 18. भूमिका।

इन्तिसाब

आज के नाम
और
आज के ग़म के नाम
आज का ग़म के: है ज़िन्दगी के भरे गुलसिताँ से ख़फ़ा
ज़र्द पत्तों का बन
ज़र्द पत्तों का बन जो मेरा देस है
दर्द की अंजुमन जो मेरा देस है
किलर्कों की अफ़सुर्दा जानों के नाम
किर्मख़ुर्दा[1] दिलों और ज़बानों के नाम
पोस्टमैनों के नाम
ताँगेवालों के नाम
रेलबानों के नाम
कारख़ानों के भोले जियालों के नाम
बादशाहे-जहाँ, वालिए-मासिवा,[2] नायबुल्लाहे-फ़िल-अर्ज़,[3]
दहक़ाँ[4] के नाम
जिसके ढोरों की ज़ालिम हँका ले गए
जिसकी बेटी को डाकू उठा ले गए
हाथ-भर खेत से एक अंगुश्त[5] पटवार ने काट ली है

1. कीड़ों का खाया हुआ, 2. सर्वोच्च स्वामी, 3. धरती पर ईश्वर का प्रतिनिधि, 4. किसान, 5. उँगली भर।

दूसरी मालिये[1] के बहाने से सरकार ने काट ली है
जिसकी पग ज़ोरवालों के पाँवों तले
धज्जियाँ हो गई हैं

उन दुखी माओं के नाम
रात में जिनके बच्चे बिलखते हैं और
नींद की मार खाए हुए बाज़ुओं से सँभलते नहीं
दुख बताते नहीं
मिन्नतों ज़ारियों[2] से बहलते नहीं

उन हसीनाओं के नाम
जिनकी आँखों के गुल
चिलमनों[3] और दरीचों[4] की बेलों पे बेकार खिल-खिल के
मुर्झा गए हैं

उन ब्याहताओं के नाम
जिनके बदन
बे-मुहब्बत रियाकार[5] सेजों पे सज-सज के उकता गए हैं
बेवाओं[6] के नाम

कटड़ियों[7] और गलियों, मुहल्लों के नाम
जिनकी नापाक ख़ाशाक[8] से चाँद रातों
को आ-आ के करता है अक्सर वज़ू[9]
जिनके सायों में करती है आहो-बुका[10]

---

1. लगान, 2. रोने, 3. परदों, 4. झरोखों, 5. दुष्टतापूर्ण, 6. विधवाओं, 7. मकानों का समूह, (पंजाबी), 8. कूड़ा-करकट, 9. नमाज के लिए हाथ-पैर धोकर पवित्र करना, 10. बैन।

आँचलों की हिना
चूड़ियों की खनक
काकुलों[1] की महक
आरज़ूमन्द[2] सीनों की अपने पसीने में जलने की बू

तालिबइल्मों के नाम
वो जो असहाबे-तब्लो-अलम[3]
के दरों पर किताब और क़लम
का तक़ाज़ा लिये, हाथ फैलाए
पहुँचे, मगर लौटकर घर न आए
वो मासूम जो भोलेपन में
वहाँ अपने नन्हे चिराग़ों में लौ की लगन
ले के पहुँचे, जहाँ
बँट रहे थे घटाटोप, बेअन्त रातों के साये

उन असीरों[4] के नाम
जिनके सीनों में फ़र्दा[5] के शबताब गौहर[6]
जेलख़ानों की शोरीद:[7] रातों की सरसर में
जल-जल के अंजुम-नुमाँ[8] हो गए हैं

आनेवाले दिनों के सफ़ीरों[9] के नाम
वो जो ख़ुशबू-ए-गुल[10] की तरह
अपने पैग़ाम[11] पर ख़ुद फ़िदा हो गए हैं

[नातमाम[12]]

---

1. ज़ुल्फ़ों, 2. आशावान, 3. नगाड़े व पताका के मालिक, 4. बन्दियों, 5. भविष्य, 6. रात को चमकनेवाले मोती, 7. परेशान, 8. सितारों-जैसे, 9. दूतों, 10. फूल की महक, 11. सन्देश, 12. अपूर्ण।

1965

लहू का सुराग़*

कहीं नहीं है, कहीं भी नहीं लहू का सुराग़
न दस्तो-नाख़ूने-क़ातिल[1] न आस्तीं पे निशाँ
न सुर्ख़ी-ए-लबे-ख़ंजर[2], न रंगे-नोके-सनाँ[3]
न ख़ाक पर कोई धब्बा न बाम पर कोई दाग़
कहीं नहीं है, कहीं भी नहीं लहू का सुराग़
न सर्फ़े-ख़िदमते-शाहाँ[4] कि ख़ूँबहा[5] देते
न दीं[6] की नज़्र कि बया'नः-ए-जज़ा[7] देते
न रज़्मगाह[8] में बरसा कि मोत'तबर होता
किसी अ'लम[9] पे रक़म होके मुश्तहर[10] होता
पुकारता रहा बे-आसरा यतीम लहू
किसी को बहरे-समाअ'त'[11] न वक़्त था न दिमाग़
न मुद्दई, न शहादत, हिसाब पाक हुआ
यह ख़ूने-ख़ाकनशीनाँ[12] था रिज़्क़े-ख़ाक[13] हुआ

कराची,
जनवरी, 1965

---

* एक संस्करण में इस नज़्म का शीर्षक 'यतीम लहू' है। उक्त संस्करण में पहली पंक्ति अन्त में भी दुहराई गई है।

1. हत्यारे का हाथ और नाख़ून, 2. ख़ंजर की नोक की लाली, 3. तलवार की नोक का रंग, 4. राजाओं की सेवा में व्यय होनेवाला, 5. ख़ून की क़ीमत, 6. धर्म, 7. पुण्यफल के लिए पेशगी भुगतान, 8. रणक्षेत्र, 9. पताका, 10. चर्चित, 11. सुनवाई के लिए, 12. मिट्टी में बैठनेवालों का ख़ून, 13. मिट्टी की ख़ुराक।

क़तअ:

ज़िन्दाँ-ज़िन्दाँ शोरे-अनल-हक़,
महफ़िल-महफ़िल कुलकुले-मय

ज़िन्दाँ-ज़िन्दाँ शोरे-अनल-हक़, महफ़िल-महफ़िल कुलकुले-मय
ख़ूने-तमन्ना दरिया-दरिया, दरिया-दरिया ऐ'श की लहर
दामन-दामन रुत फूलों की*, आँचल-आँचल अश्कों की
क़रिय: क़रिय: जश्न बपा है, मातम-मातम शहर-ब-शहर

कराची,
जनवरी, 1965

---

* गुलाब का फूल साबिक़ सद्र अयूब ख़ाँ का इन्तख़ाबी निशान था।

क़तअ:

दीद:-ए-तर पे वहाँ कौन नज़र करता है

दीद:-ए-तर[1] पे वहाँ कौन नज़र करता है
कास:-ए-चश्म[2] में ख़ूँ-नाबे-जिगर[3] ले के चलो
अब अगर जाओ पये-अर्ज़ो-तलब[4] उनके हुज़ूर[5]
दस्तो-कशकोल[6] नहीं कास:-ए-सर[7] ले के चलो

कराची,
जनवरी, 1965

---

1. आँसू-भरी आँख, 2. आँख का प्याला, 3. जिगर का ख़ून, 4. विनती करने और माँगने के लिए, 5. सामने, 6. हाथ और भीख का प्याला, 7. सर की भीख का प्याला।

नज़्म

यहाँ से शह्र को देखो तो हल्क़ा-दर-हल्क़ा

यहाँ से शह्र को देखो तो हल्क़ा-दर-हल्क़ा[1]
खिंची है जेल की सूरत[2] हर एक सिम्त फ़सील[3]
हरेक राहगुज़र गर्दिशे-असीराँ[4] है
नः संगे-मील[5], नः मंज़िल, नः मुख़लिसी की सबील[6]

जो कोई तेज़ चले रह, तो पूछता है ख़याल
केः टोकने कोई ललकार क्यूँ नहीं आई
जो कोई हाथ हिलाए तो वह्म[7] को है सवाल
कोई छनक, कोई झंकार क्यूँ नहीं आई

यहाँ से शह्र को देखो तो सारी ख़ल्क़त[8] में
न कोई साहिबे-तमकीं[9] न कोई वाली-ए-होश[10]
हरेक मर्दे-जवाँ मुजरिमे-रसन-ब-गुलू[11]
हर इक हसीना-ए-रा'ना[12] कनीज़े-हल्क़ा-ब-गोश[13]

---

1. घेरे के अन्दर, 2. जेल की तरह, 3. चारदीवारी, 4. कैदियों के भाग्य का फेर, 5. मील का पत्थर, 6. छुटकारे का रास्ता, 7. आशंका, 8. आबादी, 9. मर्यादावान, 10. सचेत बुद्धि, 11. गले में रस्सी से बँधा हुआ मुजरिम, 12. सुन्दरी, 13. कानों में (दासता के प्रतीक) कुंडल पहने हुए दासी।

जो साये दूर चिराग़ों के गिर्द लरज़ाँ हैं[1]
न जाने महफ़िले-ग़म है के: बज़्मे-जामो-सुबू[2]
जो रंग हम दरो-दीवार पर परीशाँ[3] है
यहाँ से कुछ नहीं खुलता—ये फूल हैं के: लहू

कराची
मार्च, 1965

---

1. काँप रहे हैं, 2. शराब की महफ़िल, 3. फैला हुआ।

यूँ सजा चाँद कि झलका तिरे अन्दाज़ का रंग

यूँ सजा चाँद कि झलका तिरे अन्दाज़ का रंग
यूँ फ़ज़ा महकी कि बदला मिरे हमराज़ का रंग

साय:-ए-चश्म में हैराँ रुख़े-रौशन का जमाल
सुर्ख़ि-ए-लब में परीशाँ तिरी आवाज़ का रंग

बेपिये हों कि अगर लुत्फ़ करो आख़िरे-शब
शीश:-ए-मय में ढले सुब्ह के आग़ाज़[1] का रंग

चंगो-नय[2] रंग पे थे अपने लहू के दम से
दिल ने लय बदली तो मद्धिम हुआ हर साज़ का रंग

इक सुख़न और के: फिर रंगे-तकल्लुम[3] तेरा
हर्फ़े-सादा को इनायत करे एजाज़[4] का रंग

कराची
अप्रैल, 1965

---

1. आरम्भ, 2. चंग (एक प्रकार का बाजा) और बाँसुरी, 3. बातचीत का रंग, 4. चमत्कार।

ग़म न कर, ग़म न कर

दर्द थम जाएगा, ग़म न कर, ग़म न कर
यार लौट आएँगे, दिल ठहर जाएगा, ग़म न कर, ग़म न कर
ज़ख़्म भर जाएगा, ग़म न कर, ग़म न कर
दिन निकल जाएगा, ग़म न कर, ग़म न कर
अब्र खुल जाएगा, रात ढल जाएगी, ग़म न कर, ग़म न कर
रुत बदल जाएगी, ग़म न कर, ग़म न कर

जून, 1965

ब्लैक आउट

जब से बे-नूर हुई हैं शम्एँ
ख़ाक में ढूँढ़ता फिरता हूँ न जाने किस जा[1]
खो गई हैं मेरी दोनों आँखें
तुम जो वाक़िफ़[2] हो बताओ कोई पहचान मेरी

इस तरह है के: हर इक रंग में उतर आया है
मौज-दर-मौज[3] किसी ज़ह्र का क़ातिल दरिया
तेरा अरमान, तेरी याद लिये जान मेरी
जाने किस मौज़ में ग़ल्ताँ[4] है कहाँ दिल मेरा
एक पल ठहरो के: उस पार किसी दुनिया से
बर्क़[5] आए मेरी जानिब, यदे-बैज़ा[6] लेकर
और मेरी आँखों के गुमगश्ता गुहर[7]
जामे-जुल्मत[8] से सियह मस्त
नई आँखों के शबताब गुहर[9]
लौटा दे

---

1. जगह, 2. परिचित, 3. हर लहर में, 4. उलझा हुआ, 5. (आकाश की) बिजली, 6. प्रकाशमय हाथ, 7. खोये हुए मोती, 8. अन्धकार, 9. रात्रि में चमकनेवाले मोती, 10. भेंट देने हेतु।

एक पल ठहरो के: दरिया का कहीं पाट लगे
और नया दिल मेरा
ज़ह्र में घुल के, फ़ना हो के
किसी घाट लगे
फिर पये-नज़्र दीदः-ओ-दिल[1] ले के चलूँ
हुस्न की मदह[2] करूँ, शौक़ का मज़मूँ लिक्खूँ

सितम्बर, 1965

---

1. आँखें व दिन, 2. प्रशंसा।

किस हर्फ़ पे तूने गोशः-ए-लब
ऐ जाने-जहाँ ग़म्माज़ किया

किस हर्फ़ पे तूने गोशः-ए-लब[1] ऐ जाने-जहाँ ग़म्माज़[2] किया
ऐलाने-जुनूँ दिलवालों ने अबके ब-हज़ार अन्दाज़ किया

सौ पैकाँ[3] थे पैवस्ते-गुलू जब छेड़ी शौक़ की लय हमने
सौ तीर तराज़ू थे दिल में जब हमने रक़्स आग़ाज़ किया

बे हिर्सो-हवा[4] बे ख़ौफ़ो-ख़तर, इस हाथ पे सर उस कफ़[5] पे जिगर
यूँ कूए-सनम में वक़्ते-सफ़र नज़्ज़ारः-ए-बामेनाज़ किया

जिस ख़ाक में मिलकर ख़ाक हुए वो सुरमः-ए-चश्मे-ख़लक[6] बनी
जिस ख़ार पे हमने ख़ूँ छिड़का, हमरंगे-गुले-तन्नाज़[7] किया

लो वस्ल की साइत आ पहुँची, फिर हुक्मे-हुज़ूरी पर हमने
आँखों के दरीचे बन्द किए, और सीने का दर वाज़[8] किया

सितम्बर, 1965

---

1. होंठ के कोने पर, 2. चुगली, 3. बाण की नोक, 4. लोभ और लालच, 5. हथेली, 6. दुनिया की आँखों का सुरमा, 7. अपने ही रंग के फूल पर व्यंग्य किया, 8. खोला।

सिपाही का मर्सिया

उट्ठो अब माटी से उट्ठो
जागो मेरे लाल
अब जागो मेरे लाल
तुम्हरी सेज सजावन कारन
देखो आई रैन अँधियारन
नीले शाल दोशाले लेकर
जिनमें इन दुखियन अँखियन ने
ढेर किए हैं इतने मोती
इतने मोती जिनकी ज्योती
दान से तुम्हरा, जगमग लागा
नाम चमकने

उट्ठो अब माटी से उट्ठो
जागो मेरे लाल
अब जागो मेरे लाल
घर-घर बिखरा भोर का कुन्दन
घोर अँधेरा अपना आँगन
जाने कब से राह तके हैं

बाली दुल्हनिया, बाँके वीरन
सूना तुम्हरा राज पड़ा है
देखो कितना काज पड़ा है

बैरी बिराजे राज सिंहासन
तुम माटी में लाल
उट्ठो अब माटी से उट्ठो, जागो मेरे लाल
हठ न करो माटी से उट्ठो, जागो मेरे लाल
अब जागो मेरे लाल

अक्तूबर, 1965

1966

एक शह्र आशोब का आग़ाज़

अब बज़्मे-सुख़न[2] सोहबते-लबसोख़्तगाँ[3] है
अब हलक़ए-मय[4] ताएफ़[5]-ए-बेतलबाँ[6] है

घर रहिए तो वीरानिए-दिल-खाने को आवे
रह चलिए तो हर गाम पे ग़ौग़ाए-संगाँ[7] है

पैबन्दे-रहे-कूचए-ज़र[8] चश्मे-ग़िज़ालाँ[9]
पाबोसे[10]-हवस[11] अफ़सरे[12]-शम्शादक़दाँ[13] है

---

1. नागरिक जीवन की दुर्दशा के वर्णन का आरम्भ-मात्र, 2. काव्य-रसिकों की गोष्ठी, 3. जले-झुलसे होठों वालों की संगत, 4. मद्यपायीजनों का हलक़ा या संगत, 5-6. ऐसे रागीजन जिनकी कलात्मक आकांक्षाएँ अब कुछ नहीं माँगती (ताएफ़=राग-रंगवालों या गानेवालों का दल; बेतलबाँ = जिनकी कोई तलब या माँग नहीं रह गई), 7. कुत्तों का शोर, सग = कुत्ता (सगाँ: बहुवचन), 8. ज़र, पूँजी (अर्थात् पूँजीवालों के कूचे की राह का पैबन्द, फटेहाल, आश्रित), 9. मृगनयनी सुन्दरियाँ (ग़िज़ाल = मृग), 10-11., मृगनयनियाँ कामी-लोभी जनों का पाँव चूमती हैं (पाबोस = पाँव; हवस = लोभ, वासना), 12-13. ऊँचे-सीधे आकर्षक क़दवाली (शमशाद वृक्ष की उपमेय) सुन्दरियों का सर (अफ़सर = सिर; शमशादकदाँ = शमशाद वृक्ष की तरह ऊँचे-सीधे क़दवाली)।

याँ अहले-जुनूँ[1] यक-ब-दिगर[2]-दस्तो-गरेबाँ[3]
वाँ जैशे-हवस[4] तेग़-ब-कफ़[5]-दरपाये-जाँ[6] है

अब साहबे-इन्साफ़[7] है ख़ुद तालिबे-इन्साफ़[8]
मुहर[9] उसकी है, मीज़ान[10] व-दस्ते-दिगराँ[11] है

हम सहलतलब[12] कौन-से फ़रहाद[13] थे, लेकिन
अब शहर में तेरे कोई हम-सा भी कहाँ है

फ़रवरी, 1966

---

1. मजनूँ लोग (अपने-अपने आदर्शों के पीछे बावले लोग), 2. एक-दूसरे के, 3. गरेबान में हाथ (यानी, हाथापाई, तू-तू मैं-मैं, करते हुए), 4. लोभ-लिप्सा और वासनाओं का लश्कर (जैश् = लश्कर, हवस = लिप्सा, वासना), 5. हाथ में तलवार लिये, 6. जान के दरपे अर्थात जान लेने पर तुला, 7. न्यायी, न्यायप्रिय व्यक्ति (सच्चे न्यायधीश से तात्पर्य है), 8. न्याय का प्रार्थी, 9. (न्यायालय की सरकारी) मुहर तो उसकी है, मगर..., 10. तुला (न्याय की तुला), 11. दूसरे के हाथ, 12. सरल सामान्य माँगें रखनेवाले, 13. प्रसिद्ध आदर्श प्रेमी, जिसने एक मलिका (शीरीं) के प्रेम में प्राण न्योछावर किए थे।

क्रतअ:

दीवारे-शब और अक्से-रुख़े-यार सामने

दीवारे-शब और अक्से-रुख़े-यार[1] सामने
फिर दिल के आईने से लहू फूटने लगा
फिर वज़्ए-एहतियात[2] से धुँधला गई नज़र
फिर ज़ब्ते-आरज़ू[3] से बदन टूटने लगा

जून, 1966

1. प्रेमिका की छवि, 2. रोक-टोक, 3. भावनाओं का दमन।

किए आरज़ू से पैमाँ, जो मआल तक न पहुँचे

किए आरज़ू से पैमाँ[1], जो मआल[2] तक न पहुँचे
शबो-रोज़े-आशनाई, महो-साल तक न पहुँचे

वो नज़र बहम न पहुँची के: मुहीते-हुस्न[3] करते
तिरी दीद के वसीले खद्दो-ख़ाल तक न पहुँचे

वही चश्म:-ए-बक़ा[4] था, जिसे सब सुराब[5] समझे
वही ख़्वाब मो'तबर[6] थे, जो ख़याल तक न पहुँचे

तिरा लुत्फ़ वज्हे-तस्कीं[7], न क़रारे-शरहे-ग़म[8] से
के: हैं दिल में वह गिले भी, जो मलाल तक न पहुँचे

कोई यार जाँ से गुज़रा, कोई होश से न गुज़रा
ये नदीमे-यक-दो-साग़र[9], मिरे हाल तक न पहुँचे

चलो 'फ़ैज़' दिल जलाएँ, करें फिर से अर्ज़े-जानाँ[10]
वो सुख़न जो लब तक आए, पै सवाल तक न पहुँचे

1966

---

1. प्रण, 2. परिणाम, 3. रूप के घेरे में बाँधना, 4. जीवन-धारा, 5. मृगतृष्णा, 6. कृपा, 7. सान्त्वना का कारण, 8. पीड़ा की व्याख्या, 9. एक-दो जाम पीनेवाले, 10. प्रेमिका से कहना।

1967

सोचने दो
[आन्द्रे वोज्नेसेंस्की के नाम]

इक ज़रा सोचने दो
इस ख़याबाँ में[1]
जो इस लहज़ा[2] बियाबाँ[3] भी नहीं
कौन-सी शाख़ में फूल आए थे सबसे पहले
कौन बे-रंग हुई रंजो-तअब[4] से पहले
और अब से पहले
किस घड़ी कौन-से मौसम में यहाँ
ख़ून का क़ह्त[5] पड़ा
गुल की शहरग[6] पे कड़ा
वक़्त पड़ा
सोचने दो

इक ज़रा सोचने दो
ये भरा शह्र जो अब वादी-ए-वीराँ[7] भी नहीं
इसमें किस वक़्त कहाँ

---

1. हरियाली का क्षेत्र, 2. क्षण, 3. सुनसान जंगल, 4. दुख व थकन, 5. अकाल, 6. मुख्य रंग, 7. सुनसान घाटी।

आग लगी थी पहले
इसके सफ़बस्ता दरीचों[1] में से किस में अव्वल[2]
ज़ह हुई सुर्ख़ शुआ'ओं की कमाँ[3]
किस जगह जोत जगी थी पहले
सोचने दो

हम से उस देस का तुम नामो-निशाँ पूछते हो
जिसकी तारीख़ न जुग़राफ़िया[4] अब याद आए

और याद आए तो महबूबे-गुज़श्ता[5] की तरह
रू-ब-रू[6] आने से जी घबराए

हाँ, मगर जैसे कोई
ऐसे महबूब या महबूबा का दिल रखने को
आ निकलता है
कभी रात बिताने के लिए
हम अब उस उम्र को आ पहुँचे हैं
जब हम भी यूँ ही
दिल से मिल आते हैं बस रस्म[7] निभाने के लिए
दिल की क्या पूछते हो
सोचने दो

मास्को,
मार्च, 1967

---

1. पंक्तिबद्ध झरोखों, 2. पहले, 3. लाल किरणों की कमान बनी, 4. न इतिहास न भूगोल, 5. भूतपूर्व प्रेमी, 6. समक्ष, 7. रीति।

न किसी पे ज़ख़्म अयाँ कोई,
न किसी को फ़िक्र रफ़ू की है

न किसी पे ज़ख़्म अयाँ कोई, न किसी को फ़िक्र रफ़ू की है
न करम है हम पे हबीब[1] का, न निगाह हम पे अदू[2] की है

सफ़े-ज़ाहिदाँ[3] है तो बेयक़ीं, सफ़े-मयकशाँ है तो बेतलब
न वो सुब्ह विर्दो-वज़ू[4] की है, न वो शाम जामो-सुबू[5] की है

न ये ग़म नया न सितम नया कि तिरी जफ़ा का गिला करें
ये नज़र थी पहले भी मुज़्तरिब[6], ये कसक तो दिल में कभू की है

क़फ़े-बाग़बाँ पे बहारे-गुल का है क़र्ज़ पहले से बेशतर
कि हरेक फूल के पैरहन में नमूद मेरे लहू की है

नहीं ख़ौफ़े-रोज़े-सियह हमें कि है 'फ़ैज़' जर्फ़े-निगाह में
अभी गोश: गीर वो इक किरन जो लगन उस आईन:रू की है

1967

---

1. प्रिय, 2. शत्रु, 3. धर्मोपदेशकों की कतार, 4. बार-बार वज़ू करना, 5. सुराही और प्याला, 6. बेचैन।

सरे-वादिए-सीना

[अरब-इसराइल जंग, सन् 1967, के बाद]

[1]

फिर बर्क़[1] फ़रोजाँ[2] है सरे-वादिए-सीना[3]
फिर रंग पे है शोलए-रुख़सारे-हक़ीक़त[4]
पैग़ामे-अजल,[5] दावते-दीदारे-हक़ीक़त[6]

ऐ दीदए-बीना[7]
अब वक़्त है दीदार का, दम है कि नहीं है
ऐ जज़्बए-दिल, दिल का भरम है कि नहीं है
अब क़ातिले-जाँ चारागरे-कुल्फ़ते-ग़म[8] है
गुलज़ारे-इरम[9], परतवे-सहरा-ए-अदम[10] है
पिन्दारे-जुनूँ[11], हौसलाए-राहे-अदम[12] है कि नहीं है

---

1. बिजली, 2. चमकती हुई, 3. सीना की घाटी में, जहाँ हज़रत मूसा ने तूर का जल्वा देखा, 4. सत्य के गाल की दीप्ति, 5. मौत का सन्देश, 6. सत्य के दर्शन का निमंत्रण, 7. देखनेवाली आँख, 8. दुख की पीड़ा का इलाज करनेवाला, 9. स्वर्ग के उद्यान की नक़ल पर बनाया हुआ शद्दाद का बाग, 10. स्वर्ग के उद्यान की परछाईं, 11. उन्माद का अभिमान, 12. स्वर्ग-लोक तक पहुँचने का हौसला।

[2]

फिर बर्क़ फ़रोज़ाँ है सरे-वादिए-सीना
ऐ दीदए-बीना
फिर दिल को मुसफ़्फ़ा[1] करो, इस लौह पे शायद
माबैने-मनो-तू[2], नया पैमाँ कोई उतरे
अब रस्मे-सितम, हिकमते-ख़ासाने-ज़मीं[3] है
ताईदे-सितम[4], मसलहते-मुफ़्ती-ए-दीं[5] है
अब सदियों के इक़रारे-इताअत[6] को बदलने
लाज़िम है कि इनकार का फ़रमाँ कोई उतरे

[3]

सुनो कि शायद यह नूरे-सैक़ल[7]
है उस सहीफ़े[8] का हर्फ़े-अव्वल
जो हर कसो-नाकसे-ज़मी पर
दिले-गदायाने-अजमई[9] पर
उतर रहा है फ़लक से अबके,
सुनो कि इस हर्फ़े-लये-अज़ल[10] के
हमीं तुम्हीं बन्दगाने-बेबस
अलीम[11] भी हैं, ख़बीर[12] भी हैं

1. साफ़, 2. मेरे-तेरे बीच, 3. पृथ्वी के ख़ास लोगों की तरक़ीब, 4. अन्याय का समर्थन, 5. धर्म-गुरु की व्यवहार-कुशलता, 6. उपासना का बन्धन, 7. तेज़ रोशनी, 8. धर्म-ग्रन्थ, 9. तमाम फ़कीरों का दल, 10. सृष्टि का आदि स्वर, 11. सब कुछ जाननेवाला, 12. ख़बर रखनेवाला।

सुनो कि हम बेज़ुबान-ओ-बेकस
बशीर[1] भी हैं, नज़ीर[2] भी हैं

हर इक औला-इल-अम्र[3] को सदा दो
कि अपनी फ़र्दे-अमल[4] सँभाले
उठेगा जब जम्मे-सरफ़रोशाँ[5]
पड़ेंगे दार-ओ-रसन के लाले
कोई न होगा कि जो बचा ले
जज़ा, सज़ा, सब यहीं पे होगी
यहीं अज़ाब-ओ-सवाब होगा
यहीं से उट्ठेगा शोरे-महशर
यहीं पे रोज़े-हिसाब होगा

---

* नुस्ख़: हा-ए-वफ़ा' में संकलित 'सरे-वादिए-सीना' में इस नज़्म के सिर्फ़ पहले दो हिस्से दिए गए हैं।

1. शुभ सन्देश लानेवाला, 2. डरानेवाला, ईश्वर का एक नाम, 3. बड़े हाकिम, 4. कर्मों की सूची, 5. सर की बाज़ी लगानेवालों का समूह।

दुआ

आइए, हाथ उठाएँ, हम भी
हम जिन्हें रस्मे-दुआ याद नहीं

हम जिन्हें सोज़े-मोहब्बत[1] के सिवा
कोई बुत, कोई ख़ुदा याद नहीं

आइए, अर्ज़ गुज़ारें कि निगारे-हस्ती[2]
ज़हे-इमरोज़[3] में शीरीनी-ए-फ़र्दा[4] भर दे

वो जिन्हें ताबे-गराँबारी-ए-अय्याम[5] नहीं
उनकी पलकों पे शबो-रोज़ को हल्का कर दे

जिनकी आँखों को रुख़े-सुब्ह[6] का यारा[7] भी नहीं
उनकी रातों में कोई शम्अ मुनव्वर[8] कर दे

---

1. प्रेम की ज्वाला, 2. जीवन का सौन्दर्य, 3. वर्तमान का विष, 4. भविष्य की मिठास, 5. जीवन का बोझ उठाने की शक्ति, 6. प्रात:काल का मुखड़ा, 7. सहन शक्ति, 8. प्रकाशमान।

जिनके क़दमों को किसी रह का सहारा भी नहीं
उनकी नज़रों पे कोई राह उजागर कर दे

जिनका दीं[1] पैरविए-कज़्बो-रिया[2] है उनको
हिम्मते-कुफ़्र[3] मिले, जुरअते-तहक़ीक़[4] मिले

जिनके सर मुन्तज़िरे-तेग़े-जफ़ा[5] हैं उनको
दस्ते-क़ातिल को झटक देने की तौफ़ीक[6] मिले

इ'श्क़ का सर्रे-निहाँ[7] जान-तपाँ[8] है जिससे
आज इक़रार करें और तपिश मिट जाए

हर्फ़े-हक़[9] दिल में खटकता है जो काँटे की तरह
आज इज़हार करें और ख़लिश मिट जाए

यौमे-आज़ादी,
14 अगस्त, 1967

---

1. धर्म, 2. झूठ और मक्कारी का समर्थन, 3. धर्मद्रोह का साहस, 4. जिज्ञासा का साहस, 5. अत्याचार की तलवार की प्रतीक्षा में, 6. सामर्थ्य, 7. चुभा हुआ तीर, 8. तपते हुए प्राण, 9. सत्यवाणी।

नज़्म

दिलदार देखना

तूफ़ाँ-ब-दिल[1] है हर कोई दिलदार देखना
गुल हो न जाए मशअले-रुख़सार देखना

आतिश-ब-जाँ[2] है न कोई सरकार देखना
लौ दे उठे न तुर्रः-ए-तर्रार[3] देखना

जज़्बे-मुसाफ़िराने-रहे यार[4] देखना
सर देखना, न संग न दीवार देखना

कूए-जफ़ा[5] में कहते-ख़रीदार[6] देखना
हम आ गए तो गर्मिए-बाज़ार देखना

उस दिलनवाज़े-शह्र के अतवार[7] देखना
बेइल्तिफ़ात[8] बोलना, बेज़ार देखना

---

1. दिल में तूफ़ान भरे, 2. प्राणों में आग लिये, 3. गिरहकट, 4. प्रियतम के मार्ग पर चलनेवाले यात्रियों का आकर्षण, 5. जुल्म की गली में, 6. ख़रीदारों का अकाल, 7. ढंग, 8. बेध्यानी के साथ।

ख़ाली हैं गर्चे मसनदो-मिम्बर, निगूँ[1] ख़ल्क
रू'आबे-क़बा[2] व हयबते-दस्तार[3] देखना

जब तक नसीब था तिरा दीदार देखना
जिस सिम्त देखना गुलो-गुलज़ार देखना

हम फिर तमीज़े-रोज़ो-महो-साल[4] कर सके
ऐ यादे-यार फिर इधर इक बार देखना

1967

---

1. झुका हुआ, 2. पोशाक का रुआब, 3. पगड़ी का डर, 4. दिन, महीने और वर्ष की पहचान।

हार्ट अटैक*

दर्द इतना था के: उस रात दिले-वहशी ने
हर रगे-जाँ से
उलझना चाहा
हर बुने-मू[1] से टपकना चाहा
और कहीं दूर से तेरे सहने-चमन[2] में गोया[3]
पत्ता-पत्ता मेरे अफ़सुर्दा[4] लहू में घुलकर
हुस्ने-मेहताब से आज़ुर्दा[5] नज़र आने लगा
मेरे वीरान:-ए-तन[6] में गोया
सारे दुखते हुए रेशों की तनाबें[7] खुलकर
सिलसिलावार पता देने लगीं
रुख़्सते-काफ़िल:-ए-शौक़[8] की तैयारी का
और जब याद की बुझती हुई शम्ओं में नज़र आया कहीं

* यह कविता 'रुख़्सत' शीर्षक से भी प्राप्त होती है।

1. रोम-रोम, 2. वाटिका, 3. जैसे, 4. उदास, 5. दुखी, 6. शरीर की निर्जनता, 7. कसे हुए बन्धन, 8. प्रेम के कारवाँ की विदाई।

एक पल आख़िरी लम्हा तेरी दिलदारी का
दर्द इतना था के: उससे भी गुज़रना चाहा
हमने चाहा भी, मगर दिल न ठहरना चाहा

1967

1968

क़तअ:

ज़ब्त का अह्द भी है शौक़ का पैमान भी है

ज़ब्त का अह्द भी है शौक़ का पैमान भी है
अह्द-ओ-पैमाँ[1] से गुज़र जाने को जी चाहता है
दर्द इतना है के: हर रग में है महशर[2] बर्पा
और सुकूँ ऐसा, के: मर जाने को जी चाहता है

1968

---

1. प्रण और वचन, 2. क़यामत।

मर्सिए

क़तअ:

(1)

दूर जाकर क़रीब हो जितने

दूर जाकर क़रीब हो जितने
हमसे कब तुम क़रीब थे इतने
अब न आओगे तुम न जाओगे
वस्लो-हिज्राँ बहम हुए कितने

(2)
चाँद निकले किसी जानिब तिरी ज़ेबाई का

चाँद निकले किसी जानिब तिरी ज़ेबाई[1] का
रंग बदले किसी सूरत शबे-तनहाई का

दौलते-लब[2] से फिर ऐ ख़ुसरव-ए-शीरीं दहनाँ[3]
आज अर्ज़ाँ[4] हो कोई हर्फ़ शनासाई[5] का

गर्मी-ए-रश्क़[6] से हर अंजुमने-गुलबदनाँ[7]
तज़किरा छेड़े तिरी पैरहन-आराई[8] का

सह्ने-गुलशन में कभी ऐ शहे-शमशादक़दाँ[9]
फिर नज़र आए सलीक़: तिरी रा'नाई[10] का

---

1. सुन्दरता, 2. होंठों की दौलत, 3. मीठे मुँह (बोली) वालों के खुसरो (सरताज), 4. सस्ता, 5. परिचय, 6. ईर्ष्या की जलन, 7. फूल-जैसे शरीरवालों की महफ़िल, 8. वस्त्रों की सजावट, 9. शमशाद के पेड़-जैसे क़दवालों का सरताज, 10. लालित्य, सुन्दरता।

एक बार और मसीहा-ए-दिले-दिलज़दगाँ[1]
कोई वा'दः कोई इक़रार मसीहाई का

दीदः-ओ-दिल को सँभालो कि सरे-शामे-फ़िराक़
साज़ो-सामान बहम पहुँचा है रुस्वाई[2] का

अगस्त, 1968

---

1. पीड़ित हृदयों के दिल का इलाज करनेवाला, 2. बदनामी।

(3)
कब तक दिल की ख़ैर मनाएँ, कब तक रह दिखलाओगे

कब तक दिल की ख़ैर मनाएँ, कब तक रह दिखलाओगे
कब तक चैन की मोहलत[1] दोगे, कब तक याद न आओगे

बीता दीद-उमीद[2] का मौसम, ख़ाक उड़ती है आँखों में
कब भेजोगे दर्द का बादल, कब बरखा बरसाओगे

अह्दे-वफ़ा या तर्के-मुहब्बत,[3] जी चाहो सो आप करो
अपने बस की बात ही क्या है, हमसे क्या मनवाओगे

किसने वस्ल का सूरज देखा, किस पर हिज्र की रात ढली
गेसुओंवाले[4] कौन थे क्या थे, उनको क्या जतलाओगे

'फ़ैज़' दिलों के भाग में है घर बसना भी, लुट जाना भी
तुम उस हुस्न के लुत्फ़ो-करम[5] पर कितने दिन इतराओगे

अक्तूबर, 1968

---

1. अवकाश, 2. देखने की आशा, 3. वफ़ादारी का प्रण या प्रेम-सम्बन्ध का विच्छेद, 4. ज़ुल्फ़ोंवाले, 5. कृपाओं।

1969

ख़ुर्शीदे-महशर की लौ

आज के दिन न पूछो मेरे दोस्तो
दूर कितने हैं ख़ुशियाँ मनाने के दिन
खुल के हँसने के दिन, गीत गाने के दिन
प्यार करने के दिन, दिल लगाने के दिन

आज के दिन न पूछो मेरे दोस्तो
ज़ख़्म कितने अभी बख़्ते-बिस्मिल[1] में हैं
दश्त कितने अभी राहे-मंज़िल में हैं
तीर कितने अभी दस्ते-क़ातिल में हैं

आज का दिन ज़बूँ[2] है मेरे दोस्तो
आज के दिन तो यूँ है मेरे दोस्तो
जैसे दर्दो-अलम के पुराने निशाँ
सब चले सू-ए-दिल कारवाँ-कारवाँ
हाथ सीने पे रक्खो तो हर उस्तख़्वाँ[3]
से उठे नाल:-ए-अलअमाँ[4] अलअमाँ

1. घायल प्राणी की क़िस्मत, 2. ख़राब, 3. हड्डी, 4. शान्ति की फ़रियाद।

आज के दिन न पूछो मेरे दोस्तो
कब तुम्हारे लहू के दरीदः[1] अ'लम[2]
फ़र्क़े-ख़ुर्शीदे-महशर[3] पे होंगे रक़म
अज़ कराँ ता कराँ[4] कब तुम्हारे क़दम
लेते उट्ठेगा वो बहरे-ख़ूँ यम-ब-यम[5]
जिसमें धुल जाएगा आज के दिन का ग़म
सारे दर्दो-अलम सारे जौरो-सितम[6]
दूर कितनी है ख़ुर्शीदे-महशर[7] की लौ
आज के दिन न पूछो मेरे दोस्तो

मार्च-अप्रैल, 1969

---

1. निर्लज्ज, 2. चिह्न, 3. क़यामत के रोज़ उगनेवाले सूर्य के टुकड़े, 4. किनारे से किनारे तक, 5. दरिया, 6. जुल्म और सितम, 7. प्रलय का सूर्य।

1970

बालीं पे कहीं रात ढल रही है

बालीं पे[1] कहीं रात ढल रही है
या शम्अ पिघल रही है

पहलू में कोई चीज़ जल रही है
तुम हो कि मेरी जान निकल रही है

मई-जून, 1970

1. सिरहाने की ओर, सिर की ओर।

क़तअ:

इक सुख़न मुतबिरे-ज़ेबा के: सुलग उट्ठे बदन

इक सुख़न मुतबिरे-ज़ेबा के: सुलग उट्ठे बदन
इक क़द: साक़ी-ए-महवश जो करे होश तमाम
ज़िक्रे-सब है के: रुख़े-यार से रंगीं था चमन
यादे-शबहा के: तने-यार था आग़ोश तमाम

जून, 1970

जरसे-गुल[1] की सदा

इस हवस में के: पुकारे जरसे-गुल की सदा
दश्तो-सहरा में सबा फिरती है यूँ आवार:
जिस तरह फिरते हैं हम अहले-जुनूँ आवार:

हम पे वारफ़्तगी-ए-होश[2] की तोहमत न धरो
हम के: रम्माज़े-रूमूज़े-ग़मे-पिन्हानी[3] हैं
अपनी गर्दन पे भी है रिश्ता-फ़िगन[4] ख़ातिरे-दोस्त
हम भी शौक़े-रहे-दिलदार के ज़िन्दानी[5] हैं

जब भी अबरू-ए-दरे-यार[6] ने इरशाद किया
जिस बियाबाँ में भी हम होंगे चले आएँगे
दर खुला देखा तो शायद तुम्हें फिर देख सकें
बन्द होगा तो सदा देके चले जाएँगे

जुलाई, 1970

---

1. फूल की घंटी, 2. समझ की तुच्छता, 3. अपने ग़म को इशारे से छिपाए हुए, 4. सम्बन्ध विच्छेद, 5. क़ैदी, 6. प्रिया की भौंहों का द्वार।

फ़र्शे-नौमीदिए-दीदार[1]

देखने की तो किसे ताब है, लेकिन अब तक
जब भी उस राह से गुज़रो तो किसी दुख की कसक
टोकती है कि वो दरवाज़ा खुला है अब तक
और उस सह्न में हर सू यूँ ही पहले की तरह
फ़र्शे-नौमीदिए-दीदार बिछा है अब भी
और कहीं याद किसी दिलज़दा[2] बच्चे की तरह
हाथ फैलाए हुए बैठी है फ़रियादकुना[3]
दिल ये कहता है, कहीं और चले जाएँ, जहाँ
कोई दरवाज़ा अबस[4] वा[5] हो, न बेकार कोई
याद फ़रियाद का कश्कोल[6] लिये बैठी हो
मुहरिमे-हसरते-दीदार[7] हो दीवार कोई
न कोई सायए-गुल हिजरते-गुल[8] से वीराँ
ये भी कर देखा है सौ बार, कि जब राहों में,
देस-परदेस की बेमेह्र[9] गुज़रगाहों में,

1. दर्शन की निराशा का फ़र्श, 2. दुखी-दिल, 3. फरियाद करती, अपना दुखड़ा रोती, 4. यूँ ही व्यर्थ को, 5. खुला, 6. फ़कीरों का कमंडल, 7. दर्शन की लालसा का छुपा राज़ जाननेवाली, राज़दार, 8. फूल का प्रवास, 9. हृदयहीन।

क़ाफ़िले क़ामतो[1]-रुख़सारो-लबो-गेसू के
पर्दए-वश्म पे यों उतरे हैं बे-सूरतो-रंग
जिस तरह बन्द दरीचों[2] पे गिरे बारिशे-संग
और दिल कहता है हर बार, चलो, लौट चलो
इससे पहले कि वहाँ जाएँ तो यह दुख भी न हो
ये निशानी कि वो दरवाज़ा खुला है अब भी
और इस सहन से हर सू यूँ ही पहले की तरह
फ़र्शे-नौमीदिए-दीदार बिछा है अब भी

अगस्त, 1970

---

1. सुडौल देह, 2. झरोखों, खिड़कियों।

टूटी जहाँ-जहाँ पे कमन्द

रहा न कुछ भी ज़माने में जब नज़र को पसन्द
तिरी नज़र से किया रिश्त:-ए-नज़र पैबन्द

तिरे जमाल से हर सुब्ह पर वज़ू लाज़िम
हरेक शब तेरे दर पर सुजूद[1] की पाबन्द

नहीं रहा हरमे-दिल[2] में इक सनम बातिल[3]
तिरे ख़्याल के लातो-मनात[4] की सौगन्द

मिसाले-ज़ीन:-ए-मंज़िल बकारे-शौक़ आया
हर इक मुक़ाम के: टूटी जहाँ-जहाँ पे कमन्द

ख़िज़ाँ तमाम हुई किस हिसाब में लिखिए
बहारे-गुल में जो पहुँचे हैं शाख़े-गुल को गज़न्द[5]

---

1. सज्दा का बहुवचन, 2. दिल का क़ाबा, 3. झूठा, 4. लात और मनात अरब के प्रसिद्ध देवी और देवता रहे हैं, 5. अनिष्ट।

दरीदः[1] दिल है कोई शह्र में हमारी तरह
कोई दरीदः दहन[2] शैख़े-शह्र के मानन्द

शु'आर[3] की जो मुदाराते-क़ामते-जानाँ[4]
किया है 'फ़ैज़' दरे-दिल, दरे-फ़लक से बुलन्द

नवम्बर, 1970

---

1. फटा हुआ, विदीर्ण, 2. मुँहफट, 3. शऊर का बहुवचन, 4. प्रियतम की देह का स्वागत।

1971

शरहे-बेदर्दिए-हालात न होने पाई

शरहे-बेदर्दिए-हालात[1] न होने पाई
अबके भी दिल की मुदारात[2] न होने पाई

फिर वही वादा जो इक़रार न बनने पाया
फिर वही बात जो इस्बात[3] न होने पाई

फिर वो परवाने, जिन्हें, इज़्ने-शहादत[4] न मिला
फिर वो शम्एँ, के: जिन्हें रात न होने पाई

फिर वही जाँ-ब-लबी[5], लज़्ज़ते-मय से पहले
फिर वो महफ़िल जो ख़राबात[6] न होने पाई

फिर दमे-दीद[7] रहे चश्मो-नज़र* दीदतलब[8]
फिर शबे-वस्ल मुलाक़ात न होने पाई

---

* लन्दन से प्रकाशित 'सारे सुख़न हमारे' में 'चश्मे-नज़र' की जगह 'दीद:-ओ-दिल' दिया गया है।

1. हालात की बेदर्दी का भाष्य, 2. ख़ातिर-तवाज़ो, 3. सबूत, 4. शहीद होने की अनुमति, 5. जान होंठों पर जाना, 6. मदिरालय, 7. दर्शन की बेला, 8. दर्शन के आकांक्षी।

फिर वहाँ बाबे-असर[1] जानिए कब बन्द हुआ
फिर यहाँ ख़त्म मुनाजात[2] न होने पाई

'फ़ैज़' सर पर जो हरेक रोज़ क़यामत गुज़री,
एक भी रोज़े-मुकाफ़ात[3] न होने पाई

23 मार्च, 1971

---

1. वह द्वार जहाँ विनती-प्रार्थना कुबूल हो जाए, उसका असर होता अनुभव हो, 2. प्रार्थना, 3. फ़ैसले का दिन।

हज़र करो[1] मिरे तन से

सजे तो कैसे सजे क़त्ले-आम का मेला
किसे लुभाएगा मेरे लहू का बावेला
मिरे नज़ार[2] बदन में लहू ही कितना है
चराग़ हो कोई रौशन न कोई जाम भरे
न उसमें आग ही भड़के, न उससे प्यास बुझे
मिरे फ़िगार[3] बदन में लहू ही कितना है

मगर वो ज़ह्रे-हलाहल भरा है नस-नस में
जिसे भी छेदो, हर इक बूँद ज़हरे-अफ़ई[4] है
हर इक कशीद[5] है सदियों के दर्दो-हसरत की
हर इक में मुहर-ब-लब[6] ग़ैज़ो-ग़म[7] की गर्मी है

हज़र करो मिरे तन से, ये सम[8] का दरिया है
हज़र करो कि मिरा तन वो चोबे-सहरा[9] है
जिसे जलाओ तो सहने-चमन में दहकेंगे

---

1. बचो, डरो, 2. कमज़ोर, दुबले, 3. ज़ख़्मी, 4. सर्प-दंश का ज़हर, भीषण यातना-रूप, 5. आसव, रस, खिंचा हुआ अरक, नशीला पेय, 6. मुहरबन्द, 7. क्रोध और सन्ताप, 8. ज़हर, 9. जंगल, बियाबान की लकड़ी।

बजाय सरो-समन[1] मेरी हड्डियों के बबूल
उसे बिखेरा, तो दश्तो-दमन[2] में बिखरेगी
बजाय मुश्के-सबा[3] मेरी जाने-ज़ार[4] की धूल
हज़र करो कि मिरा दिल लहू का प्यासा है

मार्च, 1971

---

1. सरो और चमेली का झाड़, 2. जंगल, बियाबान, 3. (मुश्क = कस्तूरी, सबा = मलयानील) सुगन्धित वायु, 4. दुर्बल प्राण।

तह-ब-तह दिल की कदूरत

तह-ब-तह दिल की कदूरत[1]
मेरी आँखों में उमँड़ आई तो कुछ चारा न था
चारागर[2] की मान ली
और मैंने गर्द-आलूद[3] आँखों को लहू से धो लिया
मैंने गर्द-आलूद आँखों को लहू से धो लिया

और अब हर शक्लो-सूरत
आलमे-मौजूद की हर एक शै[4]
मेरी आँखों के लहू से इस तरह हमरंग[5] है
ख़ुर्शीद[6] का कुन्दन लहू
महताब की चाँदी लहू
सुब्हों का हँसना भी लहू
रातों का रोना भी लहू

हर शजर मीनार-ए-ख़ूँ, हर फूल ख़ूने-दीदा है[7]
हर नज़र एक तार-ए-ख़ूँ हर अक्स-ख़ूँ-मालीदा है[8]

---

1. द्वेष भावना, 2. चिकित्सक, 3. गर्द से लिपटी हुई, 4. इस संसार की हर वस्तु, 5. साथ रँगी है, 6. सूरज, 7. हर पेड़ खून की मीनार व हर फूल ख़ून की आँख है, 8. हर आँख ख़ून का तारा व हर छवि ख़ून से सनी हुई है।

मौज-ए-ख़ूँ[1] जब तक रवाँ[2] रहती है उसका सुर्ख़ रंग
जज़्बा-ए-शौक़-ए-शहादत,[3] दर्द ग़ैज़-ओ-ग़म[4] का रंग
और थम जाए तो कजला कर

फ़क़त नफ़रत का, शब का, मौत का,
हर इक रंग के मातम का रंग
चारागर ऐसा न होने दे
कहीं से ला कोई सैलाबे-अश्क[5]
आबे-वज़ू
जिसमें धुल जाएँ तो शायद धूल सके
मेरी आँखों, मेरी ग़र्द-आलूद आँखों का लहू

8 अप्रैल, 1971

---

1. ख़ून की लहर, 5. बहती, 3. आहुति देने की भावना, 4. क्रोध, आवेश और सन्ताप, 5. आँसुओं की बाढ़।

हम सादा ही ऐसे थे की यूँ ही पज़ीराई

हम सादा ही ऐसे थे की यूँ ही पज़ीराई
जिस बार ख़िजाँ आई समझे कि बहार आई

आशोबे-नज़र[1] से की हमने चमन्-आराई,
जो शै भी नज़र आई गुलरंग नज़र आई

उम्मीदे-तलत्तुफ़[2] में रंजीदा रहे दोनों—
तू और तिरी महफ़िल, मैं और मिरी तनहाई

वाँ मिल्लते-बुल्हवसाँ[3] और शोरे-वफ़ाजूई[4]
याँ ख़िलवते-कमसुख़नाँ[5] और लज़्ज़ते-रुसवाई*

---

* 'नुस्ख़: हा-ए-वफ़ा' में संकलित 'सरे-वादिए-सीना' में यह शे'र नहीं है, पर अन्य कुछ संकलनों में है।

1. दृष्टि की लालिमा, 2. सरस मिलन के आनन्द की आशा में (लन्दन से प्रकाशित 'सारे सुख़न हमारे' में 'तलत्तुफ़' शब्द के स्थान पर 'इनायत' शब्द का प्रयोग है।), 3. वासनालोभी जनों का समाज, 4. प्रेम और मुहब्बत का प्रचार, शोर, 5. मितभाषी जनों का एकान्त।

यकजान न हो सकिये, अनजान न बन सकिये
यों टूट गई दिल में शमशीरे-शनासाई[1]

इस तन की तरफ़ देखो जो क़त्लगहे-दिल[2] है
क्या रक्खा है मक़तल में, ऐ चश्मे-तमाशाई

मई, 1971

---

1. परिचय-रूपी तलवार, 2. दिल की भावनाएँ जहाँ क़त्ल हो गई हैं।

यार अग़ियार हो गए हैं

यार अग़ियार हो गए हैं
और अग़ियार मुसिर हैं कि वो सब
यारे-ग़ार हो गए हैं
अब कोई नदीमे-बासफ़ा नहीं है
सब रिन्द शराबख़्वार हो गए हैं

1971

गुबार-ए-ख़ातिर-ए-महफ़िल ठहर जाए

कहीं तो कारवाने-दर्द की मंज़िल ठहर जाए
किनारे आ लगे उम्रे-रवाँ या दिल ठहर जाए

अमाँ[1] कैसी कि मौजे-ख़ूँ अभी सर से नहीं गुज़री
गुज़र जाए तो शायद बाज़ूए-क़ातिल ठहर जाए

कोई दम बादबाने-कश्तिए-सहबा[2] को तह रक्खो
ज़रा ठहरो ग़ुबार-ए-ख़ातिर-ए-महफ़िल[3] ठहर जाए

खुमे-साक़ी में जुज़[4] ज़हरे-हलाहल कुछ नहीं बाक़ी
जो हो महफ़िल में इस इकराम[5] के क़ाबिल ठहर जाए

---

1. शान्ति, सुरक्षा भाव, 2. शराब की कश्ती का वादबान, शराब के दौर को मस्ती के झोंके देनेवाली सोहबत ('कश्ती' शराब के एक क़िस्म के प्याले को भी कहते हैं।), 3. महफ़िल के दिल का गुबार, 4. सिवाय, 5. सत्कार।

हमारी ख़ामशी बस दिल में लब तक एक वक़्फ़ा[1] है
य' तूफ़ाँ है जो पल-भर बर-लबे-साहिल ठहर जाए

निगाहे-मुन्तज़िर[2] कब तक करेगा आइनाबन्दी
कहीं तो दश्ते-ग़म[3] में यार का महमिल[4] ठहर जाए

---

1. बीच का अवकाश, 2. इन्तज़ार करनेवाली निगाह, प्रतीक्षु दृष्टि, 3. दुख और सन्ताप का बियाबान, 4. ऊँट पर स्त्रियों के बैठने के लिए बनी हुई डोलीनुमा जगह।

दागिस्तान के मलका शाइर रसूल हम्ज़ातोव के अफ़्कार[1]

1. रचनाएँ (फ़ैज़ ने इनका अनुवाद किया है।)

मैं तेरे सपने देखूँ

बरखा बरसे छत पर, मैं तेरे सपने देखूँ
बर्फ़ गिरे परबत पर, मैं तेरे सपने देखूँ
सुब्ह की नील परी, मैं तेरे सपने देखूँ
कोयल धूम मचाए, मैं तेरे सपने देखूँ
आए और उड़ जाए, मैं तेरे सपने देखूँ
बाग़ों में पत्ते महकें, मैं तेरे सपने देखूँ
शबनम के मोती दहकें, मैं तेरे सपने देखूँ
इस प्यार में कोई धोखा है
तू नार नहीं कुछ और है शै
वरना क्यों हर एक समय
मैं तेरे सपने देखूँ

भाई

आज से बारह बरस पहले बड़ा भाई मिरा
स्तालिनग्राद की जंगाह[1] में काम आया था
मेरी माँ अब भी लिये फिरती है पहलू में ये ग़म
जब से अब तक है वह तन पे रिदा-ए-मातम[2]
और उस दुख से मेरी आँख का गोशा तर है
अब मेरी उम्र बड़े भाई से कुछ बढ़कर है

1. युद्धभूमि, 2. शोक की चादर।

दाग़िस्तानी ख़ातून और शाइर बेटा

उसने जब बोलना न सीखा था
उसकी हर बात मैं समझती थी
अब वो शाइर बना है नामे-ख़ुदा
लेकिन अफ़सोस कोई बात उसकी
मेरे पल्ले ज़रा नहीं पड़ती

ब-नोके-शमशीर

मेरे आबा[1] के: थे नामहरमे-तौक़ो-ज़ंजीर[2]
वो मज़ामी[3] जो अदा करता है अब मेरा क़लम
नोके-शमशीर पे लिखते थे ब-नोके-शमशीर[4]
रौशनाई[5] से जो मैं करता हूँ काग़ज़ पे रक़म
संगो-सहरा[6] पे वो करते थे लहू से तहरीर

---

1. पुरखे, 2. क़ैदियों के गले में पडऩेवाली हँसली और बेड़ी से अपरिचित, 3. विषय, 4. तलवार की नोक से, 5. स्याही, 6. पत्थर और मरुभूमि।

आरज़ू

मुझे मोजज़ो[1] पे यकीं नहीं मगर आरज़ू है कि जब क़ज़ा[2]
मुझे बज़्मे-दहर[2] से ले चले
तो फिर एक बार ये अज़न[4] दे
कि लहद[5] से लौट के आ सकूँ
तिरे दर पे आके सदा करूँ[6]
तुझे ग़म-गुसार[7] की हो तलब तो तिरे हुज़ूर में आ रहूँ
ये न हो तो सूए-रहे-अदम[8] में फिर एक बार रवाना हूँ

1. चमत्कारों, 2. मृत्यु, 3. दुनिया की महफ़िल, 4. अनुमति, 5. क़ब्र, 6. आवाज़ हूँ, 7. दुखों से मुक्त करनेवाला, 8. परलोक के मार्ग पर।

सालगिरह

शाइर का जश्ने-सालगिरह है, शराब ला
मनसब, ख़िताब, रुतबा उन्हें क्या नहीं मिला
बस नुक़्स है तो इतना कि ममदूह[1] ने कोई
मिसरा कोई किताब के शायाँ[2] नहीं लिखा

---

1. जिसकी प्रशंसा की गई हो, 2. योग्य।

एक चट्टान के लिए कत्बः[1]

जवाँमर्दी उसी रिफ़अत[2] पे पहुँची
जहाँ से बुज़दिली ने जस्त[3] की थी

1. क़ब्र पर लगा हुआ शिलापट्ट, 2. बुलन्दी, 3. छलाँग लगाना।

तीरगी जाल है

तीरगी[1] जाल है और भाला है नूर
इक शिकारी है दिन, इक शिकारी है रात
जग समन्दर है जिसमें किनारे से दूर
मछलियों की तरह इब्ने-आदम की ज़ात[2]
जग समन्दर है, साहिल पे हैं माहीगीर[3]
जाल थामे कोई, कोई भाला लिये
मेरी बारी कब आएगी क्या जानिए
दिन के भाले से मुझ को करेंगे शिकार
रात के जाल में या करेंगे असीर[4]

---

1. अँधेरा, 2. मानव-पुत्र का अस्तित्व, 3. शिकारी (मछलियों के), 4. बन्दी बनाना।

नुस़्ख़ः-ए-उल्फ़त मेरा

गर किसी तौर हर इक उल्फ़ते-जानाँ का ख़याल
शे'र में ढल के सना-ए-रुख़े-जानाना बने
फिर तो यूँ हो के: मेरे शेरो-सुख़न का दफ़्तर
तूल में तूले-शबे-हिज्र का अफ़साना बने
है बहुत तिश्नः मगर नुस्खः-ए-उल्फ़त मेरा
इस सबब से के: हर इक लम्हः-ए-फ़ुर्सत मेरा
दिल ये कहता है के: हो क़ुबर्ते जानाँ में बसर